AF218823

Impressum
Verlag: BABADADA GmbH, Nedderfeld 112 , 22529 Hamburg
Geschäftsführer / Verlagsleitung: Harald Hof
Druck: Books on Demand GmbH, In de Tarpen 42, 22848 Norderstedt

Imprint
Publisher: BABADADA GmbH, Nedderfeld 112 , 22529 Hamburg, Germany
Managing Director / Publishing direction: Harald Hof
Print: Books on Demand GmbH, In de Tarpen 42, 22848 Norderstedt, Germany

la escuela

ክፍሊ, ክላስ
el aula

መቀለ
dividir

186/2

ሰሌዳ
la pizarra

ቀጽሪ ቤት-ትምህርቲ
el patio

መምህር
el maestro/a

ወረቐት
el papel

ጸሓፊ
escribir

መጽሓፊ
el bolígrafo

ጣውላ ምጽሓፍ
el escritoria

መስመር
la regla

መጽሓፍ
el libro

ተመሃራይ
el alumno/a

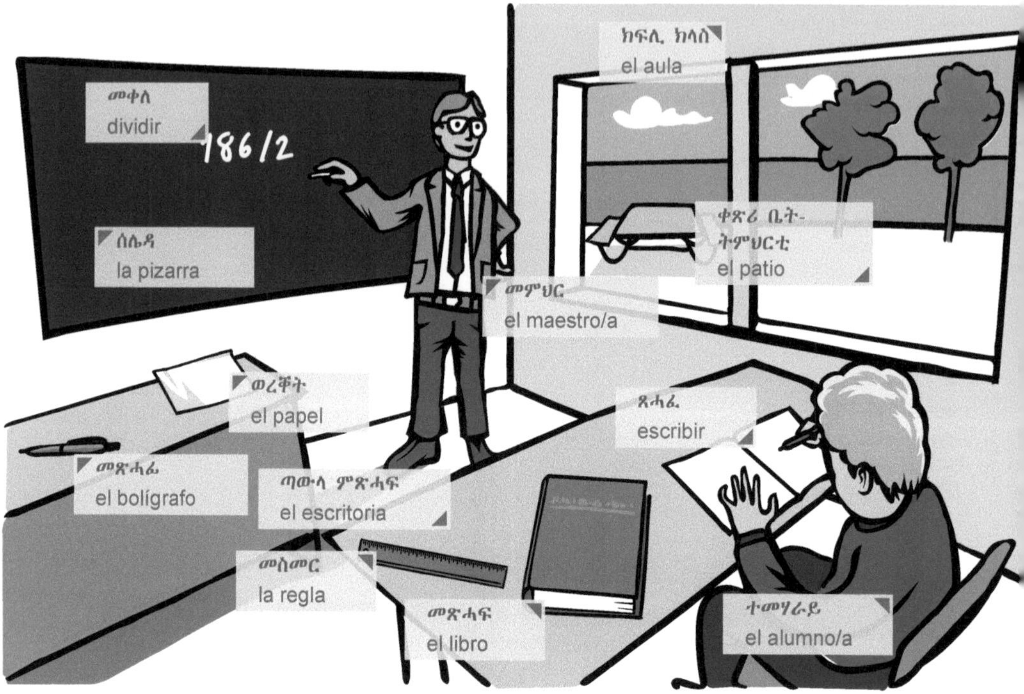

ሳንጣ ትምህርቲ
la cartera

ሰፈር ብርዒ
la caja de lápices

ርሳስ
el lápiz

መብልሒ ርሳስ
el sacapuntas

መደምሰሲ
la goma de borrar

ጥራዝ ስእሊ
el cuaderno de dibujo

ስእሊ
....
el dibujo

ብርዒ ቀለም
....
el pincel

ቦክስ ቀለም
....
la caja de pinturas

መቐስ
....
las tijeras

መጣበቒ
....
el pegamento

ጥራዝ መለመዲ
....
el cuaderno de ejercicios

ዕዮ ገዛ
....
los deberes

ቑጽሪ
....
el número

ወሰኸ
....
sumar

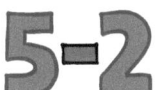

ጎደለ
....
restar

ረብሐ
....
multiplicar

ደመረ
....
calcular

ፊደል
....
la letra

ስርዓት ፊደላት
....
el alfabeto

ቃል
....
la palabra

ጽሑፍ

el texto

አንበበ

leer

ኩርሻ

la tiza

ሰዓት

la lección

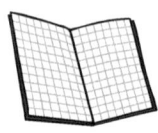

መዝገብ ክላስ

el cuaderno de notas

መርመራ

el examen

ሰርቲፊከት

el certificado

ድቢዛ ቤትትምህርቲ

el uniforme

ትምህርቲ

la educación

ለክሲኮን

la enciclopedia

ዩኒቨርሲቲ

la universidad

ሚክሮስኮፕ

el microscopio

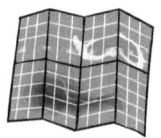

ካርታ

el mapa

ጎሓፍ ወረቓት

la papelera

መቆበሊ, ኣጋይሽ
el hotel

Grand

ሆስተል
el albergue

ROOMS

ቅያር ገንዘብ
oficina de cambio de divisas

EXCHANGE

ባሊ፮
la maleta

መኪና
el coche

ቋንቋ
el idioma

እወ / ኖ
sí / no

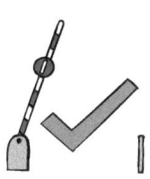

ሕራይ
Vale

ሰላም
hola

አስተርጓሚ
el traductor

የቾንየለይ
Gracias

. . . ክንደይ ዋግኡ?

¿cuánto es...?

አይተረድኣኹን

No entiendo

ሽግር

el problema

ሰላም ምሸት!

¡Buenas tardes!

ከመይ ሓዲርካ

¡Buenos días!

ሰላም ለይቲ

¡Buenas noches!

ደሓን ኩን

adiós

አንፈት

la dirección

ጉዓዝ

el equipaje

ሳንጣ

la bolsa

ሳንጣ ሕቖ

la mochila

ጋሻ

el invitado

ክፍሊ

la habitación

ክሻ መደቓሲ

el saco de dormir

ቴንዳ

la tienda de campaña

ሓበሬታ በጻሕቲ ሃገር
....
la información turística

ገምገም ባሕሪ
....
la playa

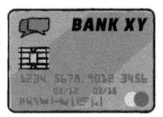

ክረዲት ካርድ
....
la tarjeta de crédito

ቁርሲ
....
el desayuno

ምሳሕ
....
el almuerzo

ድራር
....
la cena

ቲከት
....
el billete

ሊፍት
....
el ascensor

ማሕተም ደብዳበ
....
el sello

ዶብ
....
la frontera

ድንና
....
la aduana

ኤምበሲ
....
la embajada

ቪዛ
....
la visa

ፓስፖርት
....
el pasaporte

el transporte

ነፋሪት
el avión

መርከብ
el barco

መኪና መጥፍኢ ሓዊ
el coche de bomberos

አውቶቡስ
el autobús

ናይ ጽዕነት መኪና
el camión

ጃልባ ሞቶር
la lancha a motor

ብሽግለታ
la bicicleta

መኪና
el coche

ፌሪ
el transbordador

ጃልባ
la barca

ሞቶ
la moto

መኪና ፖሊስ
el coche de policía

መኪና ቅድድም
el coche de carreras

ክራይ መኪና
el coche de alquiler

ምውፋይ መካይን

el préstamo de vehículos

መወሰዲ መኪና

la grúa

መኪና ጎሓፍ

el camión de la basura

ሞቶC

el motor

ነዳዲ

la gasolina

እንዳ ነዳዲ

la gasolinera

ምልክት ትራፊክ

la señal de tráfico

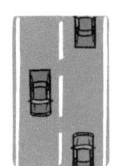

ትራፊክ

el tráfico

ምጭቅጫቅ ትራፊክ

el atasco

መዐሸጊ መኪና

el aparcamiento

መዕረፊ ባቡC

la estación de tren

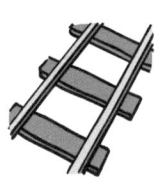

ሓዲግ

las vías

ባቡC

el tren

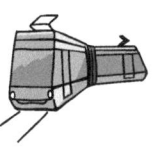

ትረም

el tranvía

ባጎኒ

el vagón

መጓዓዝያ - el transporte

9

ሄሊኮፕተር

el helicóptero

መዓረፍ ነፈርቲ

el aeropuerto

ታወር

la torre

ተጕዓዚ

el pasajero

ኮንተይነር

el contenedor

ሳንዱቅ ካርቶን

la caja de cartón

ኮርሳ ጽዕነት

la carretilla

ዘንቢል

la cesta

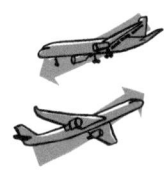

ተበገሰ / ዓለበ

despegar / aterrizar

ከተማ

la ciudad

ቀሻት

el pueblo

ማእከል ከተማ

el centro de la ciudad

ገዛ

la casa

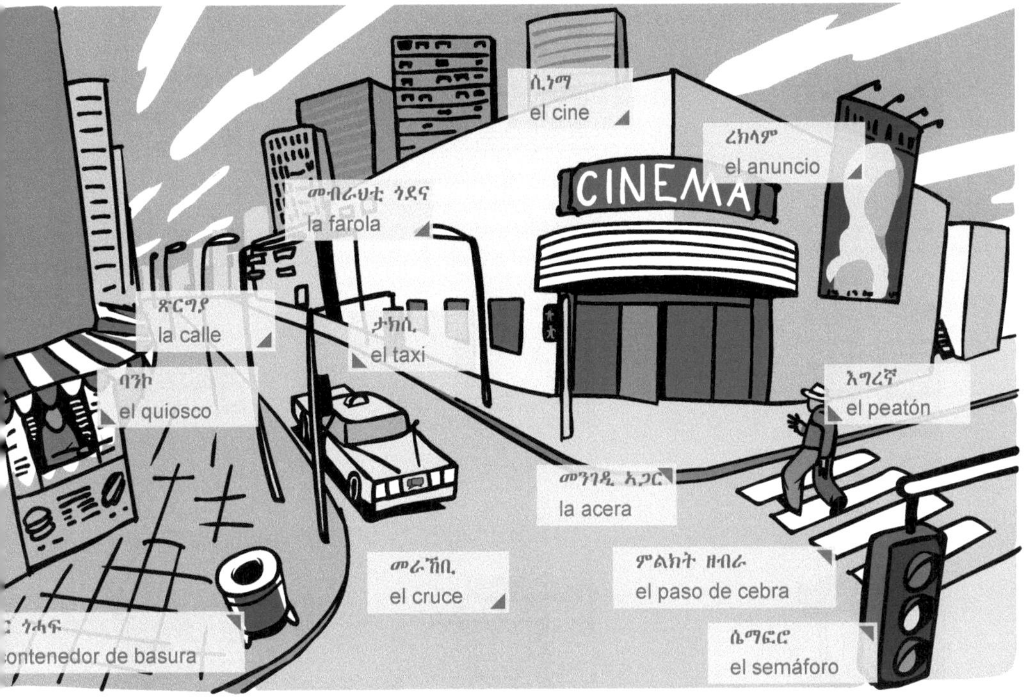

ሲኔማ
el cine

ረክላም
el anuncio

መብራህቲ ጎደና
la farola

ጽርግያ
la calle

ታክሲ
el taxi

ባንኮ
el quiosco

እግረኛ
el peatón

መንገዲ አጋር
la acera

መራኸቢ
el cruce

ምልክት ዘብራ
el paso de cebra

ኮሓፍ
contenedor de basura

ሴማፍር
el semáforo

አጎዶ
....
la cabaña

አፓርትመንት
....
el apartamento

መዕረፊ ባቡር
....
la estación de tren

ቤት ምምሕዳር
....
el ayuntamiento

ቤተ መዘክር
....
el museo

ቤት-ትምህርቲ
....
la escuela

ዩኒቨርሲቲ
....
la universidad

ባንክ
....
el banco

ሆስፒታል
....
el hospital

መቾበሊ ኣጋይሽ
....
el hotel

ቤት መድሃኒት
....
la farmacia

ቤት ጽሕፈት
....
la oficina

ዱኳን መጽሓፍቲ
....
la librería

ዱኳን
....
la tienda de campaña

ዱኳን ዕንባባ
....
la floristería

ሱፐርማርከት
....
el supermercado

ዕዳጋ
....
el mercado

ሹቅ
....
los grandes almacenes

ነጋዳይ ዓሳ
....
la pescadería

ሹቅ
....
el centro comercial

መርሳ
....
el puerto

መዘናግዒ
....
el parque

ባንኪ
....
el banco

ድልድል
....
el puente

መደያይቦ
....
las escaleras

ባቡር ትሕቲ ምድሪ
....
el metro

ቢንቶ
....
el túnel

መዕረፊ ኣውቶቡስ
....
la parada de autobús

ቤት መስተ
....
el bar

ቤት-መግቢ
....
el restaurante

ስታሪት
....
el buzón

ታቤላ
....
el poste indicador

ሰዓት ፓርኪንግ
....
el parquímetro

መካነ እንስሳታት
....
el zoo

መሓምበሲ
....
la piscina

መስጊድ
....
la mezquita

ቤት ሕርሻ

la granja

ብክላ

la contaminación

መቃብር

el cementerio

ቤተክርስትያን

la iglesia

ቦታ ምጽዋት

el patio de juego

ቤት መቕደስ

el templo

ስእሊ መሬት

el paisaje

አቝጽልቲ
la hoja

መሕበሪ መገዲ
la señal

መገዲ
el camino

ሽኻ
el prado

እምኒ
la piedra

ኮብላሊ
el excursionista

አግራብ
el árbol

ፈለግ
el río

ሰዓሪ
la hierba

ዕንባባ
la flor

ስንጭሮ
el valle

ኮበ
la colina

ቀላይ
el lago

ዱር
el bosque

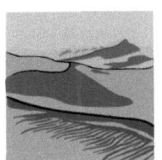

ምድረ በዳ
el desierto

እሳተ-ጎመራ
el volcán

ግምቢ
el castillo

ቀስተ-ደመና
el arcoíris

ቃንጥሻ
el champiñón

ዓርኮብኮባይ
la palmera

ጣንጡ
el mosquito

ሃመማ
la mosca

ጻጻ
la hormiga

ንህቢ
la abeja

ሳሬት
la araña

ሕንዚዝ

el escarabajo

ዕንቅርያብ

la rana

ም፟ጽጹላይ

la ardilla

ቅንፍዝ

el erizo

ማንቲለ

la liebre

ጉንጓ

la lechuza

ጭሩ

el pájaro

ስዋን

el cisne

መፍለስ

el jabalí

ዓጋዘን

el ciervo

ሙስ

el alce

ግድብ

la presa

ተርባይን ንፋስ

la turbina eólica

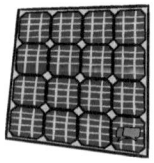

ሶላር ስርሓት

el panel solar

ኩነታት ኣየር

el clima

ስእሊ መሬት - el paisaje

አሰላፊ
el camarero

ካርታ
መግብታት
el menú

መንበር
la silla

መረቅ
la sopa

ፒትሳ
la pizza

መመታተሪ
la cuberteria

ክዳን ጣውላ
el mantel

ቅድመ ቀንዲ መግቢ
....
el primer plato

ቀንዲ መኣዲ
....
el plato principal

ድሕረ መግቢ
....
el postre

መስተ
....
las bebidas

መግቢ
....
la comida

ጥርሙዝ
....
la botella

ስሱጥ መግቢ

la comida rápida

መግቢ ጽርግያ

la comida callejera

ብርጭቆ ሻሂ

la tetera

ታኒካ ሽኮር

el azucarero

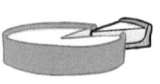

ክፋል

la porción

ማሺን ኤስፕረሶ

la cafetera expreso

ነዊሕ መንበር

la trona

ጸብጻብ

la cuenta

ታብለት

la bandeja

ካራ

el cuchillo

ፋርከታ

el tenedor

ማንካ

la cuchara

ማንካ ሻሂ

la cucharilla

ሰርቪየተ

la servilleta

ብኬሪ

el vaso

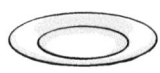

ሸሓኒ
el plato

ሸሓኒ መረቅ
el plato hondo

ትሕቲ ኩባያ
el platillo

ጸብሒ
la salsa

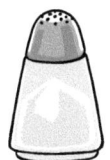

ወሃቢ ጨው
el salero

መጥሓን በርበረ
el molinillo de pimienta

ኣቾቶ
el vinagre

ዘይቲ
el aceite

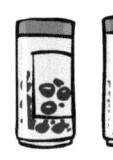

ቀመም
las especias

ከቹፕ
el ketchup

ኣድሪ
la mostaza

ማዮኔዝ
la mayonesa

ሱፐርማርክት

el supermercado

ወፈያ
la oferta especial
FOR
ዓሚል
el cliente
ፍርያታት ጸባ
los lácteos
ፍረታት
la fruta
ሰረገላ ዱኳን
el carro de compra

BUTCHERS

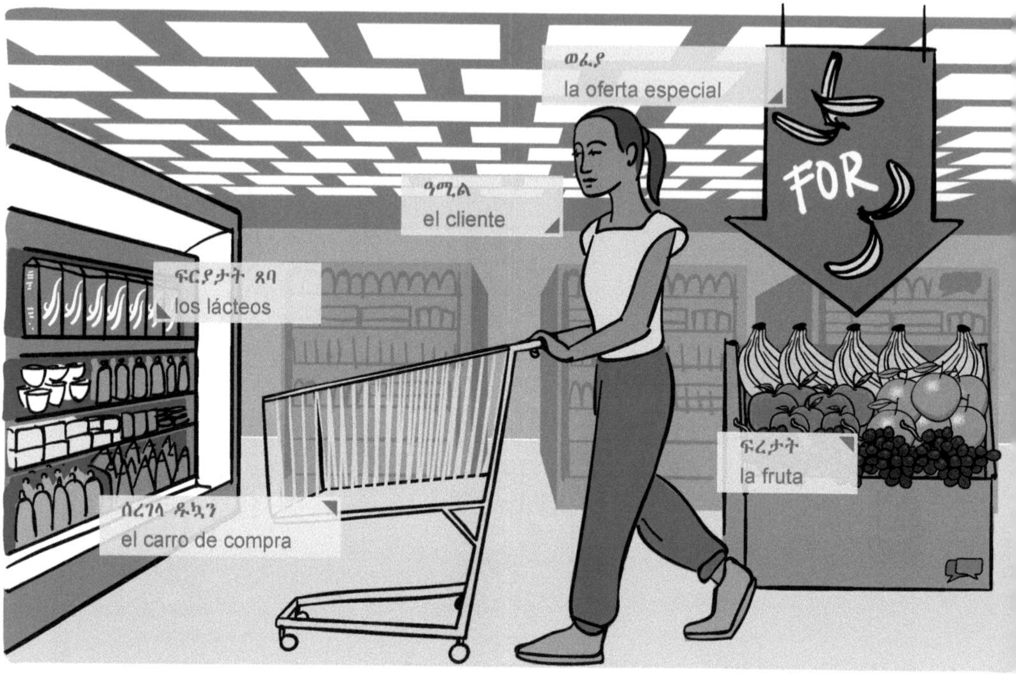

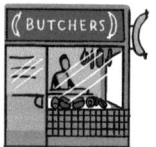

እንዳ ስጋ

la carniceria

BAKERY

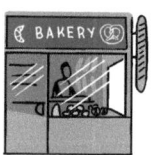

እንዳ ባኒ

la panadería

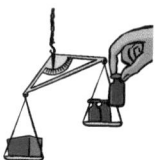

ክብደት

pesar

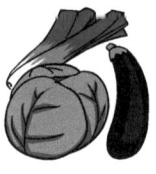

ኣሕምልቲ

las verduras

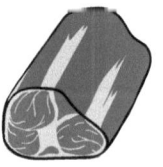

ስጋ

la carne

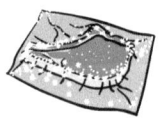

መግቢ ፍሪጅ በረድ

los alimentos congelados

ዝሑል ቅሩብ መግቢ.

los fiambres

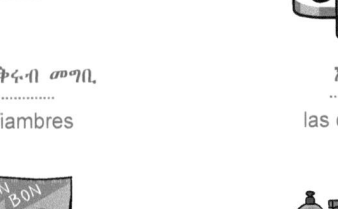

እስቃጥላ

las conservas

አሞ

el detergente en polvo

ምቁር መግቢ.

los dulces

ዘቤታውያን አኽሑ

productos de uso doméstico

ናዉቲ መጸረዪ

productos de limpieza

ሸቃጣይ

la vendedora

ካሳ

la caja de cartón

ተሓዝ ገንዘብ

el cajero

ዝርዝር ምግዛእ

la lista de la compra

ክፉት ሰዓታት

el horario de atención al público

ማሕፉዳ

la cartera

ክሬዲት ካርድ

la tarjeta de crédito

ሳንጣ

la bolsa de plástico

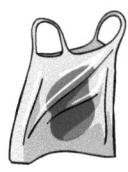

ፌስታል

la bolsa de plástico

las bebidas

ማይ

el agua

ጁማቆ

el zumo

ጸባ

la leche

ኮላ

la cola

ነቢት

el vino

ቢራ

la cerveza

አልኮል

el alcohol

ካካው

el cacao

ሻሂ

el té

ቡን

el café

ኤስፕረሶ

el expreso

ካፑቺኖ

el capuchino

ባናና

el plátano

ቱፋሕ

la manzana

አራንቺ

la naranja

ብርጭቆ

el melón

ለሚን

el limón

ካሮት

la zanahoria

ጸዕዳ ሽጉርቲ

el ajo

ባምቡስ

el bambú

ሽጉርቲ

la cebolla

ቅንጥሻ

el champiñón

ፉል

las avellanas

ፓስታ

los fideos

ስፓጌቲ

las espagueti

ሩዝ

el arroz

ሰላጣ

la ensalada

ቅልዋ ድንሽ

las patatas fritas

ቅሉው ድንሽ

las patatas fritas

ፒትሳ

la pizza

ሃምቡርጌር

la hamburguesa

ፓኒኖ

el sándwich

ቢስተካ

el filete

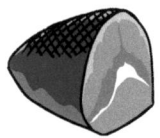

ሰለፍ ሓሰማ

el jamón

ሳላሚ

le salami

ግዕዝም

la salchicha

ደርሆ

el pollo

ቀለወ

el asado

ዓሳ

el pescado

ገዓት
....
los copos de avena

ሙስሊ
....
el muesli

ኮርንፍለይክስ
....
los copos de maíz

ሓርጭ
....
la harina

ክሮሶን
....
el cruasán

ባኒ
....
el panecillo

ባኒ
....
el pan

ቶስት
....
la tostada

ብሽኩቲ
....
las galletas

ጠስሚ
....
la mantequilla

ርግኦ
....
la cuajada

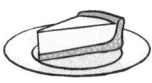

ፓስተ
....
el pastel

እንቋቊሖ
....
el huevo

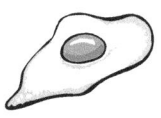

ቅሉው እንቋቊሖ
....
el huevo frito

ፋርማጆ
....
el queso

አይስ ክሪም

el helado

ሽኮር

el azúcar

መዓር

la miel

ጄም

la mermelada

ኑጋት-ክረም

la crema de turrón

ኩሪ

el curry

ቤት ሕርሻ

la granja

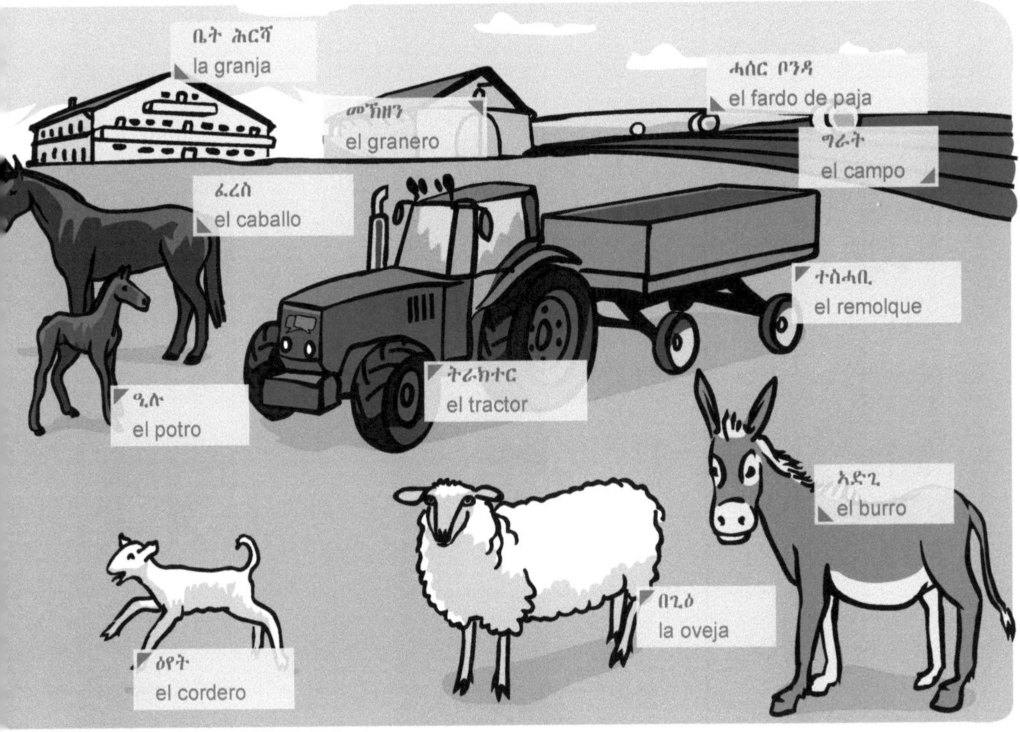
ቤት ሕርሻ
la granja
መኽዘን
el granero
ሓሰር ቦንዳ
el fardo de paja
ግራት
el campo
ፈረስ
el caballo
ተስሓቢ
el remolque
ትራክተር
el tractor
ዒሉ
el potro
ኣድጊ
el burro
በጊዕ
la oveja
ዕየት
el cordero

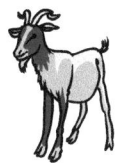

ጤል
....
la cabra

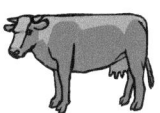

ብዕራይ
....
la vaca

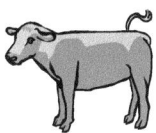

ምራኽ
....
el ternero

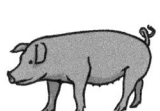

ሓሰማ
....
el cerdo

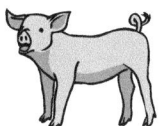

ውላድ ሓሰማ
....
el cerdito

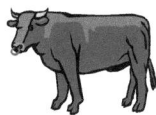

ኣርሓ
....
el toro

ዓሳ
el ganso

ማይ ደርሆ
el pato

ጫቚት
el pollo

ደርሆ
la gallina

አርሓ ደርሆ
el gallo

አንጨዋ ዓባይ
la rata

ድሙ
el gato

አንጭዋ
el ratón

ብዕራይ
el buey

ከልቢ
el perro

አጎዶ ከልቢ
la perrera

ቱባ ጆርዲን
la manguera

መዝፈሪ ማይ
la regadera

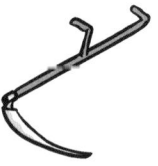

ዓቢ ማዕጺድ
la guadaña

ማሕረሻ
el arado

ማዕጺ.ድ
la hoz

ጮኳር
la azada

መስአ
la horca

ፋስ
el hacha

ዓረብያ ኢ.ድ
la carretilla

ጋብላ
el abrevadero

ብርጭቆ ጸባ
la lechera

ክሻ
el saco

ሓጹር
la valla

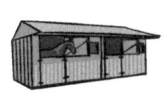

መንሰስ
el establo

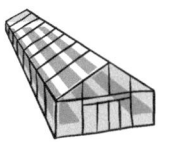

ቆጠልያ ገዛ
el invernadero

ባይታ
el suelo

ዘርኢ.
la semilla

ድኸዊ.
el fertilizador

ዘጣምር ቀውዓይ.
la cosechadora

ቀውዐ

cosechar

ጸማ

la cosecha

ድንሽ ያም

el ñame

ስርናይ

el trigo

ሶያ

el soja

ድንሽ

la patata

ዕፉን

el maíz

ራፕስ

la semilla de colza

ገረብ ፍረታት

el árbol frutal

ማኒኦክ

la mandioca

አእኻል

las cereales

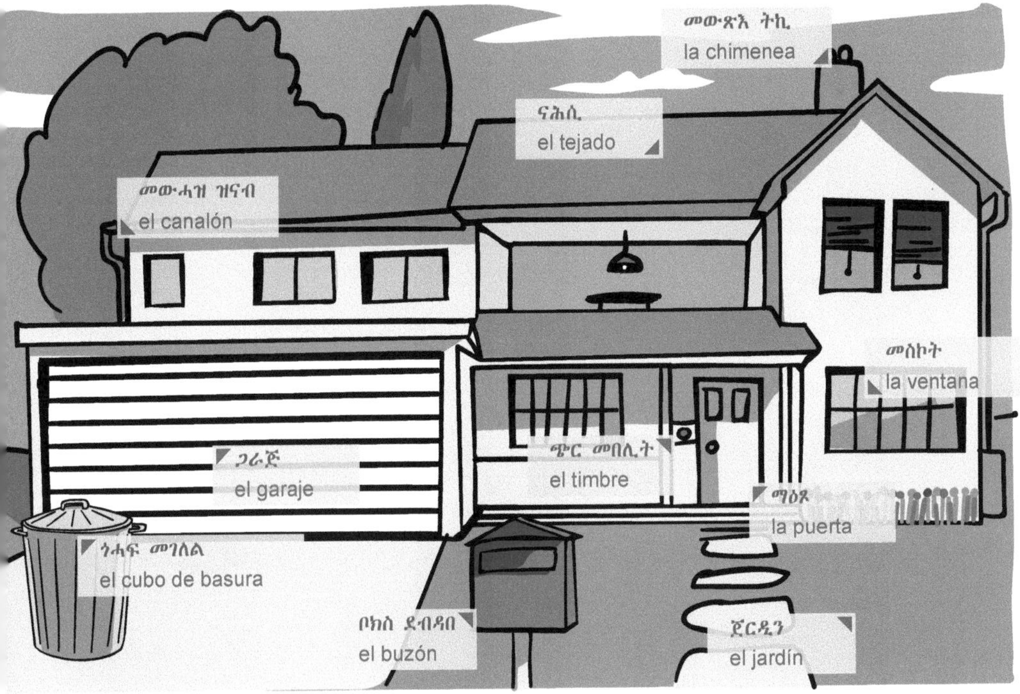

መዉ·ጽእ ትኪ
la chimenea

ናሕሲ
el tejado

መዉ·ሓዝ ዝናብ
el canalón

መስኮት
la ventana

ጋራጅ
el garaje

ጥር መበሊት
el timbre

ማዕፆ
la puerta

ጎሓፍ መገለል
el cubo de basura

ቦካስ ደብዳቤ
el buzón

ጀርዲን
el jardín

ክፍሊ ምችማጥ

la sala

ክፍሊ ባንዮ

el cuarto de baño

ክሽን

la cocina

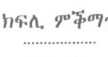

ክፍሊ መደቀሲ

el dormitorio

ክፍሊ ቆልዑ

la habitación de los niños

መመገቢ ክፍሊ

el comedor

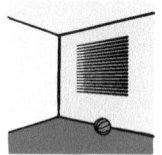

ባይታ
el suelo

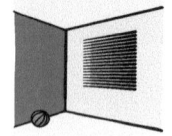

መንደቅ
la pared

ከበርታ
el techo

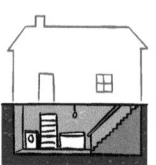

ካንቲና
el sótano

ሳውና
la sauna

ባልኮን
el balcón

ዛላ
la terraza

መሕምበሲ
la piscina

መቘረጺ ሳዕሪ
el cortacésped

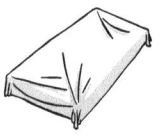

አንሶላ ዓራት
la sábana

ከበርታ ዓራት
la colcha

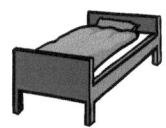

ዓራት
la cama

መኸስተር
la escoba

መገለል
el balde

መወልዒት
el interruptor

ክፍሊ ምቕማጥ

la sala

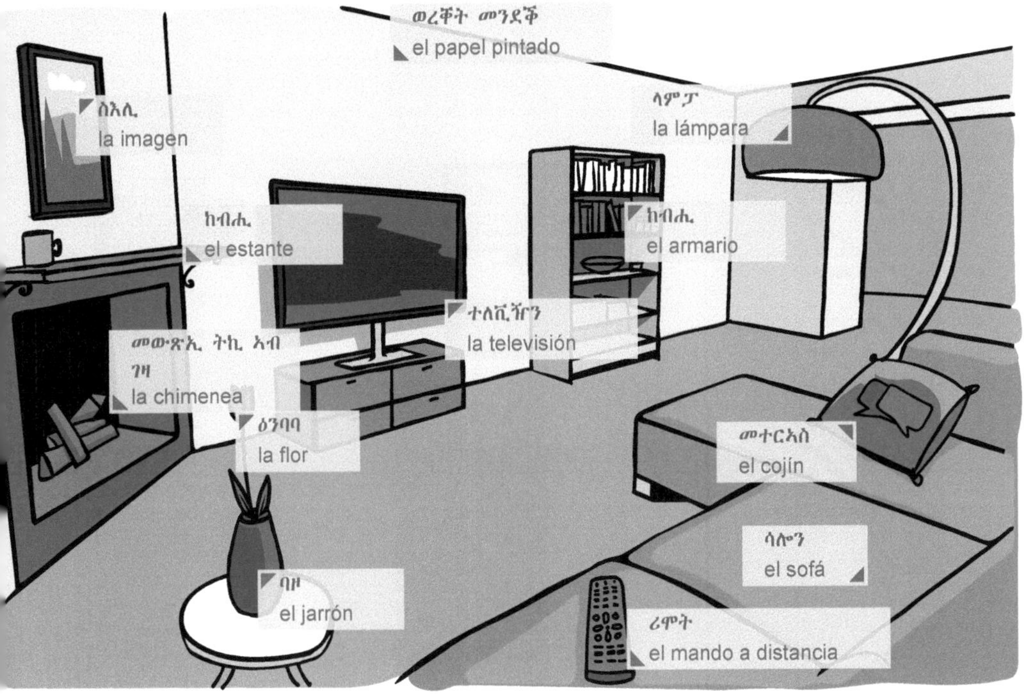
ወረቐት መንደቕ
el papel pintado
ስእሊ
la imagen
ላምፓ
la lámpara
ክብሒ
el estante
ክብሒ
el armario
ተለቪዥን
la televisión
መውጽኢ ትኪ ኣብ ገዛ
la chimenea
ዕንባባ
la flor
መተርኣስ
el cojín
ሳሎን
el sofá
ባዞ
el jarrón
ሪሞት
el mando a distancia

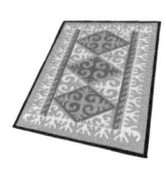

መንጸፍ

la alfombra

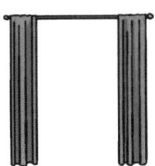

መጋረጃ

la cortina

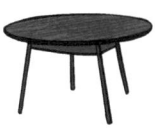

ጣውላ

la mesa

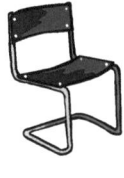

መንበር

la silla

ሰለል ዝብል መንበር

el mecedora

መንበር ምቹእ

la butaca

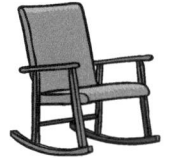

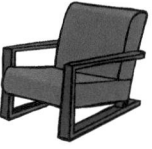

መጽሐፍ

el libro

ከበርታ

la manta

ስልማት

la decoración

እንጨይቲ ሓዊ

la leña

ፊልም

la película

ስተረዮ

el equipo de música

መፍትሕ

la llave

ጋዜጣ

el periódico

ቅብአ

la pintura

ፖስተር

el póster

ረድዮ

la radio

ጥራዝ

el cuaderno

መልገሲ ደርና

la aspiradora

በለስ

el cactus

ሽምዓ

la vela

la cocina

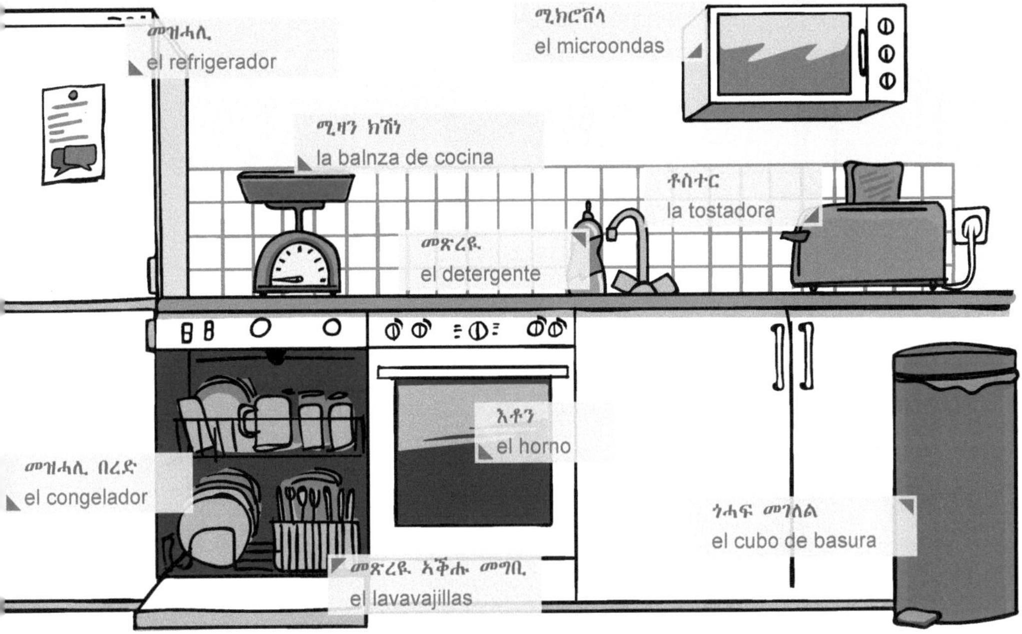

መዝሓሊ
el refrigerador
ሚክሮቨላ
el microondas
ሚዛን ክሽነ
la balnza de cocina
ቶስተር
la tostadora
መጽረዪ
el detergente
እቶን
el horno
መዝሓሊ በረድ
el congelador
ጎሓፍ መገለል
el cubo de basura
መጽረዪ አቕሑ መግቢ
el lavavajillas

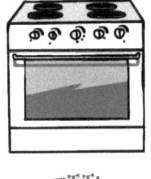

መኽሸኒ

la olla a presión

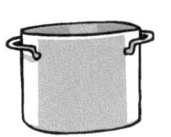

ድስቲ

la olla

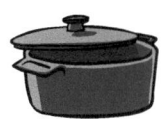

ድስቲ ሓጺን

la olla de hierro fundido

ዎክ/ካዳይ

el wok

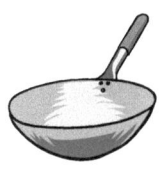

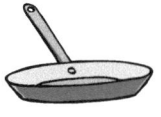

ባደላ

la cazuela

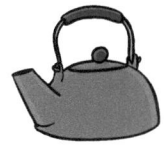

መውዓዪ ማይ

el hervidor

መፍልሒ.

la vaporera

ጋንቴራ ምስንካት

la chapa de horno

ኣቕሑ መግቢ

la vajilla

ብርጭቆ

la taza

ጭሓሎ

el tazón

ማንካቺና

los palillos

ማንካ መረቕ

el cucharón

መገልበጢ ባደላ

la espumadera

መኽስተር ውርጪ.

el batidor

መንፊት መግቢ.

el colador

መንፊት

el cedazo

መፋሕፍሒ.

el rallador

ሞርታር

el mortero

ባርቢክዮ

la barbacoa

ስፍነ ሓዊ

la hoguera

እንጨይቲ ምምታር

la tabla de picar

እንጨይቲ ኩረር

el rodillo

መኽፈት ቡሽ

el sacacorchos

ታኒካ

la lata

መኽፈቲ ታኒካ

el abrelatas

ጨርቂ ድስቲ

el agarrador

ቡምባ

el lavabo

አስባስላ

el cepillo

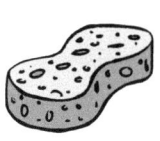

ሰፍነግ

la esponja

ሓዋሲ አደባላዪ

la batidora

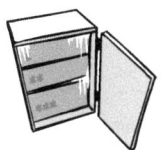

መዝሓሊ በረድ

el congelador

ጥርሙዝ ማማይ

el biberón

ቡምባ ማይ

el grifo

ክፍሊ ባንዮ

el cuarto de baño

መሕጸቢ ሻወር
la ducha
መውዓዪ
la calefacción
ሽጎማኖ
la toalla
ሻወር መጋረጃ
la cortina de la ducha
መሕጸቢ ዓፍራ
el baño de espuma
ባንዮ መሕጸቢ
la bañera
ብኬሪ
el vaso
ሓጻቢት
la lavadora
ቡምባ ማይ
el grifo
ማቶነላ
las baldosas
ድስቲ
el orinal
ቡምባ
el lavabo

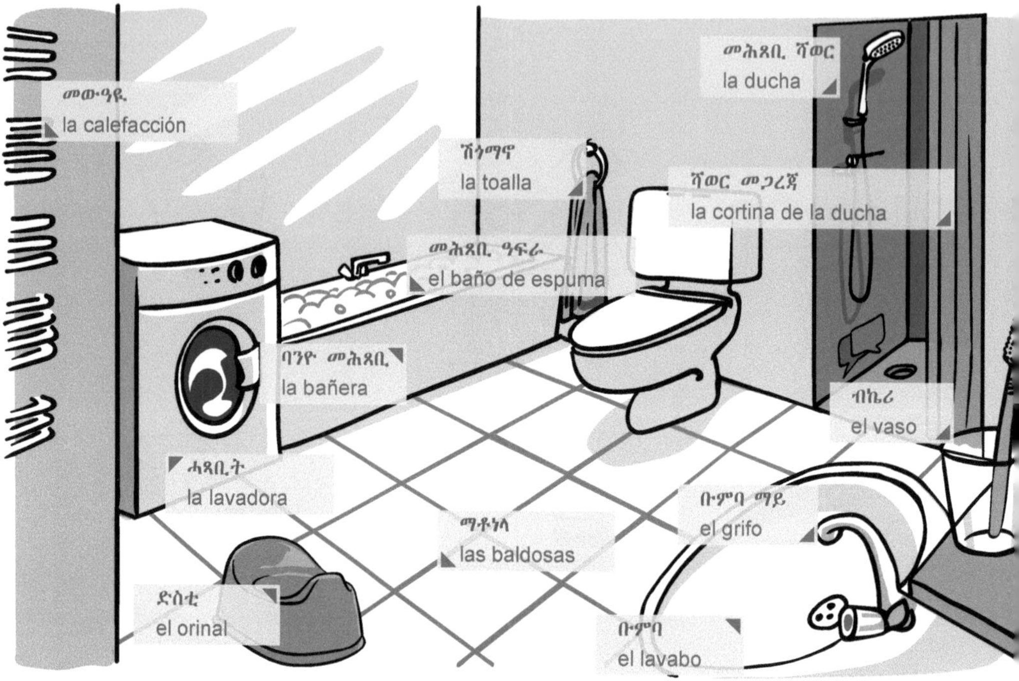

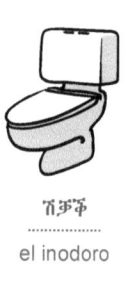

ሽቓቕ
el inodoro

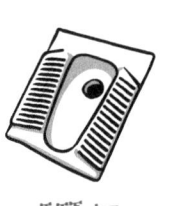

ሽቓቕ ኮፍ
el inodoro rústico

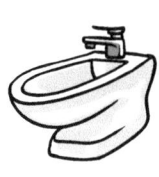

በዱ
el bidé

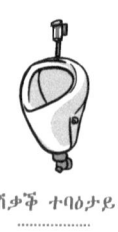

ሽቃቕ ተባዕታይ
el urinario

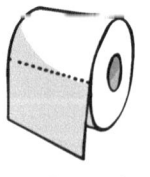

ወረቐት ሽቓቕ
el papel higiénico

ኣስባስላ ሽቓቕ
la escobilla del váter

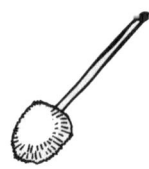

አስባስላ ስኒ
....
el cepillo de dientes

ክረማ ስኒ
....
la pasta de dientes

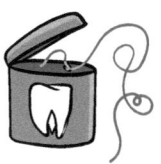

ሃሪ ስኒ
....
el hilo dental

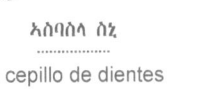

ሓጸበ
....
lavar

ዱሽ ኢ.ድ
....
la ducha de mano

ዱሽ
....
la ducha íntima

ብርጭቆ ም.ሕጸብ
....
la pila

አስባስላ ሕቆ
....
el cepillo de espalda

ሳምና
....
el jabón

ሻወር ጀል
....
el gel de ducha

ሻምፑ
....
el champú

ጨርቂ መሕጸቢ.
....
la toallita

መውሓዚ
....
el desagüe

ክረማ
....
la crema

ደዮ ጨና
....
el desodorante

መስትያት

el espejo

ናይ ኢ.ድ መስትያት

el espejo de tocador

መላጸ

la maquinilla de afeitar

ዓፍራ ምልጻይ

la espuma de afeitar

ጨና ድሕሪ ምልጻይ

la loción postafeitado

መመሸጥ

el peine

እስባስላ

el cepillo

መንቻጺ ጸጉሪ

el secador

ስፕረይ ጸጉሪ

la laca

መመላኽዒ

el maquillaje

ብርዒ ቀለም ከንፈር

el pintalabios

እዝማላቶ

el pintauñas

ጸምሪ ጡጥ

el algodón

መስደዲ ጽፍሪ

el cortauñas

ጨና

el perfume

ሳንጣ መሕጸቢ
el estuche de viaje

ድኳ
la banqueta

ሚዛን
la balanza

ክዳን መሕጸቢ
el albornoz

ጓንቲ መጸረዪ
los guantes de goma

ታምፖን
el tampón

ጨርቂ ሰበይቲ
la compresa

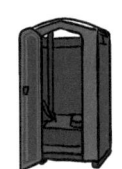

ሽቓቕ ከሚስትሪ
el inodoro químico

ክፍሊ ቆልዑ

la habitación de los niños

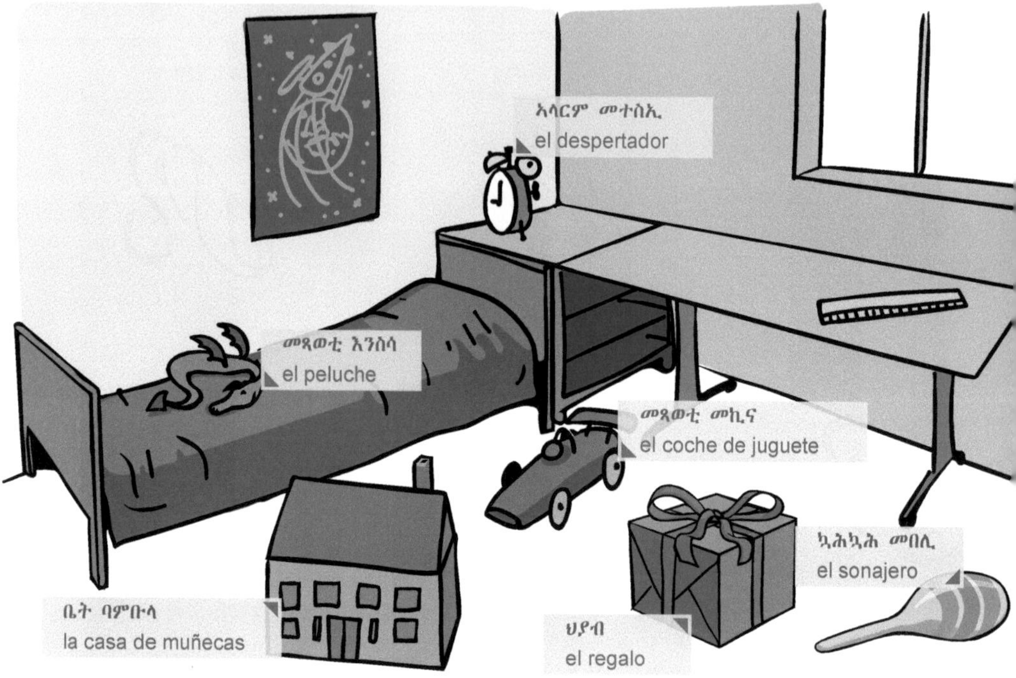

ኣላርም መተስኢ
el despertador
መጻወቲ እንስሳ
el peluche
መጻወቲ መኪና
el coche de juguete
ኳሕኳሕ መበሊ
el sonajero
ቤት ባምቡላ
la casa de muñecas
ህያብ
el regalo

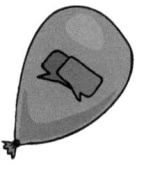

ባላንችና

el globo

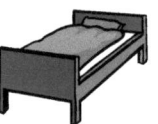

ዓራት

la cama

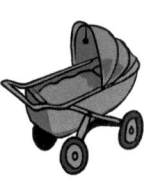

ሰረገላ ህጻን

el coche de niño

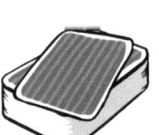

ጸወታ ካርታ

los naipes

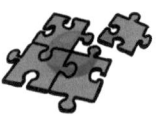

ሕንቅሊተይ

el puzle

ኮሚዲ

el tebeo

እምንታት መጻወቲ ለጎ
....
las piezas de lego

መጻወቲ እምንታት
....
los bloques de juguete

በዓል አክቾን
....
la figura de acción

ክዳን ማማይ
....
el bodi (de bebé)

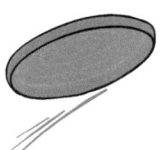

ፍሪስቢ
....
el frisbee

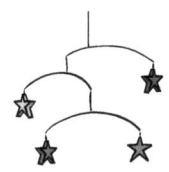

ሞባይል ማማይ
....
el colgador móvil para
bebés

ጸወታ ሰሌዳ
....
el juego de mesa

ኩቦ
....
los dados

ሞደል ባቡር ምድሪ
....
el circuito de tren eléctrico

ዓባስ
....
el maniquí

ፓርቲ
....
la fiesta

መጽሓፍ ስእሊ
....
el álbum de fotos

ኩዕሶ
....
la pelota

ባምቡላ
....
la muñeca

ተጻወተ
....
jugar

መጻወቲ ሓጻ
....
el cajón de arena

ሰላል
....
el columpio

መጻወቲታት
....
los juguetes

ኮንሶል ቪድዮ
....
la videoconsola

መጻወቲ ሰለስተ መንኮርኮር
....
el triciclo

ተዲ
....
el oso de peluche

ከብሒ ክዳን
....
la guardarropa

ክዳን

la ropa

ካልስታት
....
los calcetines

ነዊሕ ካልስታት
....
las medias

ስረ ካልሲ
....
los leotardos

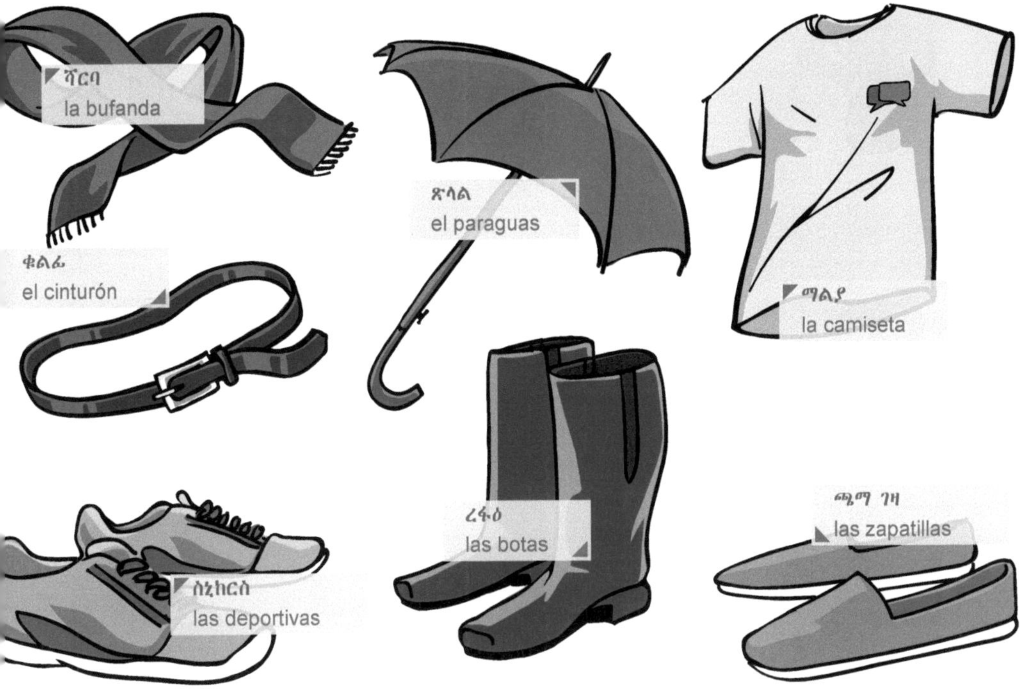

ሻርባ
la bufanda

ጽላል
el paraguas

ማልያ
la camiseta

ቁልፊ
el cinturón

ረፋዕ
las botas

ጫማ ገዛ
las zapatillas

ስኒከርስ
las deportivas

ሻበጥ
....
las sandalias

ጫማ
....
los zapatos

ረፋዕ ጎማ
....
las botas de goma

ሙታንታ
....
el slip

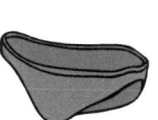

ክዳን ጡብ
....
el sostén

ትሕተ ካሚቻ
....
el chaleco

ቦዲ

el bodi

ስሬ

los pantalones cortos

ጂንስ

los vaqueros

ቀምሽ

la falda

ካምቻ

la blusa

ካሚቻ

la camisa

ጉልፍ

el jersey

ጎልፍ

el suéter

ጃኬት

el blazer

ጃከት

la chaqueta

ጁባ

el abrigo

ክዳን ዝናብ

la gabardina

ኮስቱም

el traje

ቀምሽ

el vestido

ቀምሽ መርዓ

el vestido de novia

ልብሲ.
....
el traje

ካሚቻ ለይቲ
....
el camisón

ክዳን ለይቲ
....
el pijama

ሳሪ
....
el sati

መሃረብ ርእሲ.
....
el bandana

ቴርባን
....
el turbante

ቡርካ
....
la burka

ካፍታን
....
el caftán

አባያ
....
la abaya

ክዳን መሕምበሲ.
....
el traje de baño

ስሪ መሕምበሲ.
....
el bañador

ሓጺር ስሪ
....
los pantalones cortos

ክዳን ታዕሊም
....
el chándal

በጃ ክዳን
....
el delantal

ጓንቲ
....
los guantes

መልጎም
....
el botón

መነጽር
....
las gafas

በንናጅር
....
el brazalete

ማዕተብ
....
el collar

ቀለበት
....
el anillo

ኩትሻ
....
el pendiente

ቆብዕ
....
la gorra

መንበሪ ጁባ
....
la percha

ባርኔጣ
....
el sombrero

ካርራቫት
....
la corbata

ሻርነጣ
....
la cremallera

ሀልመት
....
el casco

መድልደል ስረ
....
los tirantes

ድቢዛ ቤትትምህርቲ
....
el uniforme

ድቢዛ
....
el uniforme

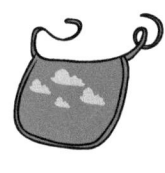

ሰደርያ ቆልዓ

....

el babero

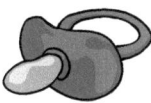

ዓባስ

....

el maniquí

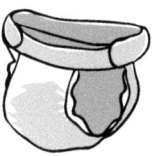

ጨርቂ ማማይ

....

el pañal

ቤት ጽሕፈት

la oficina

ሰርቨር
el servidor
ክብሒ ሰነድ
el archivo
ፕሪንተር
la impresora
ወረቐት
el papel
ሞኒቶር
el monitor
ጣውላ ምጽሓፍ
el escritoria
ኣንጭዋ
el ratón
ሓቓፊ
la carpeta
ኪቦርድ
el teclado
ጎሓፍ ወረቐት
la papelera
ኮምፒተር
el ordenador
መንበር
la silla

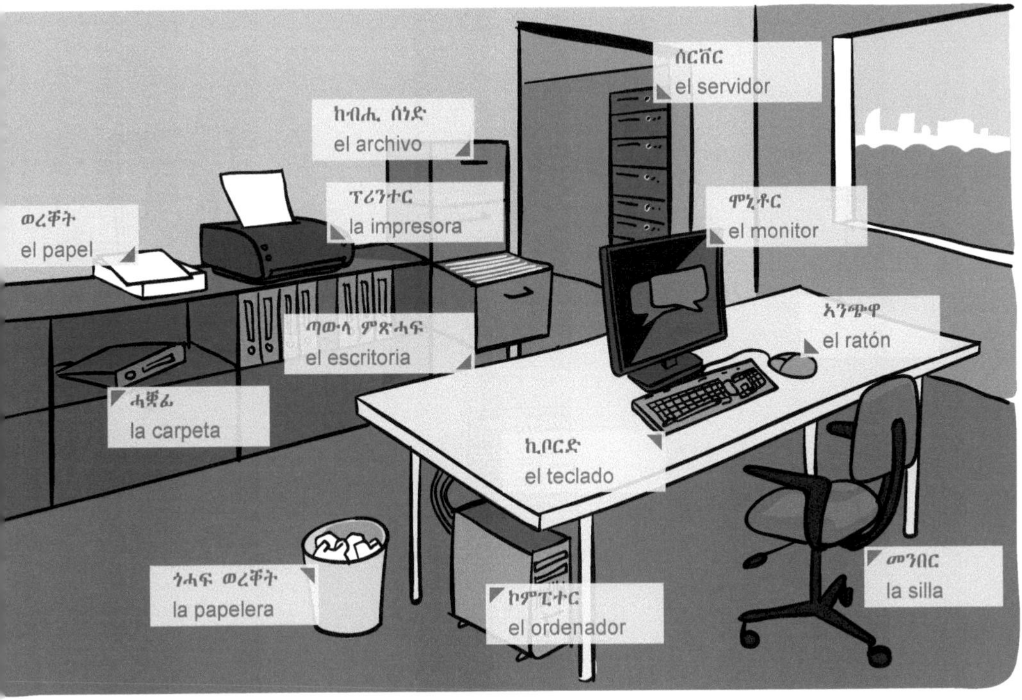

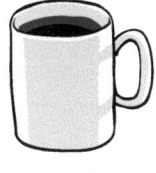

ብርጭቆ ቡን

....

la taza de café

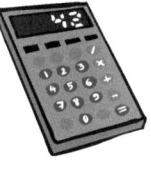

ካልኩለተር

....

la calculadora

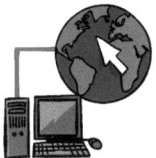

ኢንተርነት

....

el internet

ለፕቶፕ
....
el portátil

ደብዳበ
....
la carta

መልእኽቲ
....
el mensaje

ሞባይል
....
el móvil

ነትወርክ/መርበብ
....
la red

መቅድሒ ፎቶኮፒ
....
la fotocopiadora

ሶፍትዌር
....
el software

ተለፎን
....
el teléfono

ሶከት ኳረንቲ
....
la toma de corriente

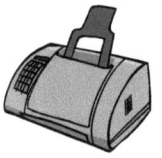

ፋክስ
....
el fax

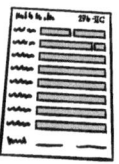

ፎርም
....
el formulario

ሰነድ
....
el documento

la economía

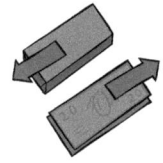

ገዝአ

comprar

ከፈለ

pagar

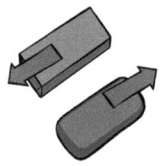

ንግዲ

comerciar

ገንዘብ

el dinero

ዶላር

el dólar

አዩሮ

el euro

የን

el yen

ሩብል

el rublo

ስዊዝ ፍራንከን

el franco suizo

ረንሚንቢ ዩዋን

el renminbi yuan

ሩፒየ

la rupia

መውጽኢ ማሺን ገንዘብ

el cajero automático

ቦታ ቅያር ገንዘብ

la oficina de cambio de divisas

ወርቂ

el oro

ብሩር

la plata

ዘይቲ

el petróleo

ሓይሊ

la energía

ዋጋ

el precio

ውዕል

el contrato

ቀረጽ

el impuesto

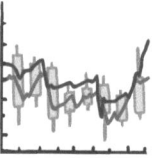

እኩብ ጥረ-ነገራት

la acción

ሰርሐ

trabajar

ሰራሕተኛ

el empleador

አስራሒ

el empleador

ትካል

la fábrica

ዱኳን

la tienda de campaña

በዓል ፖሊስ
el agente de policía

መጠፊኢ ሓዊ
el bombero

መራሒ ነፋሪት
el piloto

ክሽኒ
el cocinero

ሓኪም
el médico

ሰራሕተኛ ጀርዲን

el jardinero

ጸራቢ ዕንጸይቲ

el carpintero

ሰፋይት

la costurera

ፈራዳይ

el juez

ቀማሚ

el farmacéutico

ተዋሳኢ

el actor

መራሒ አዉቶቡስ

el conductor de autobús

አውቲስታ ታክሲ.

el taxista

ገፋፊ ዓሳ

el pescador

ጸራጊት

la señora de la limpieza

ሃናጸይ ናሕሲ.

el techador

አሰላፊ

el camarero

ሃዳናይ

el cazador

ሰአላይ

el pintor

እንዳ ሕብስቲ

el panadero

ኤለትሪከኛ

el electricista

ሃናጺ አባይቲ

el obrero

ሃንዳሲ.

el ingeniero

ሰራሕተኛ እንዳ ስጋ

el carnicero

ድራብሊኮ

el fontanero

አማላሳሊ ፖስጣ

el cartero

ወተሃደር
....
el soldado

መሃንድስ
....
el arquitecto

ተሓዛ ገንዘብ
....
el cajero

ሰራሕተኛ ዕምባባ
....
el florista

ቀም ቃማይ
....
el peluquero

ፈተሪኖ
....
el revisor

መካኒክ
....
el mecánico

መራሒ መርከብ
....
el capitán

ሓኪም ስኒ
....
el dentista

ተመራማሪ
....
el científico

ራቢ
....
el rabino

ኢማም
....
el imán

ፈላሲ
....
el monje

ቀሺ
....
el sacerdote

las herramientas

ሞደሻ
el martillo

ጉጤት
los alicates

ዘዋር መስኚ
el destornillador

ላምፓዲና
la linterna

መፍትሕ
la llave

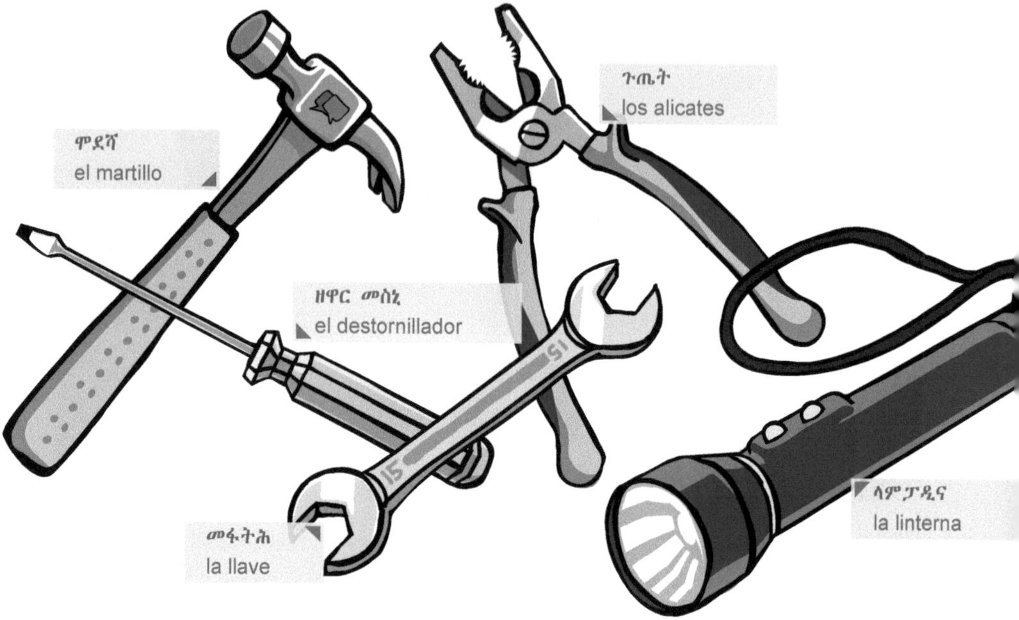

ፈሓሪ

la excavadora

ናውቲ ቦክስ

la caja de herramientas

መደያይቦ

la escalera de mano

መጋዝ

la sierra

መስማር

los clavos

ኮዓቲ

el taladro

ምዕራይ
reparar

ባደላ
la pala

አይ!
¡Maldita sea!

መትሓዚ ዶሮና
el recogedor

ድስቲ ቀለም
el bote de pintura

ካቻቢተ
los tornillos

መሳርሒ ሙዚቃ

los instrumentos musicales

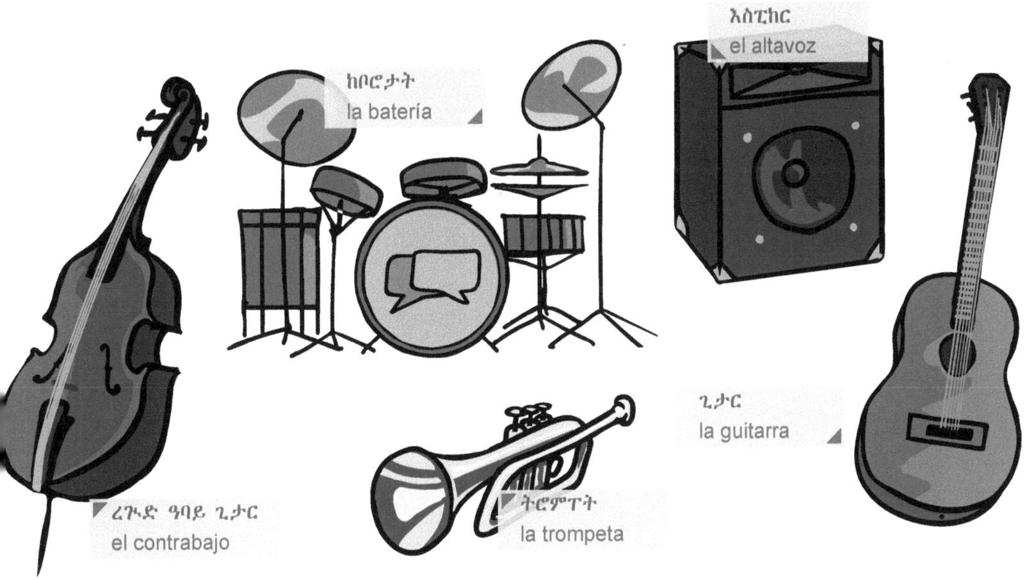

እስፒከር
el altavoz

ከበሮታት
la batería

ጊታር
la guitarra

ረጉድ ዓባይ ጊታር
el contrabajo

ትሮምፐት
la trompeta

ፒያኖ

el piano

ቪዮሊን

el violín

ባስ ጊታር

bajo

ቲምንኢ

los timbales

ከበሮ

el tambor

ኦርጋን

el teclado

ሳክሶፎን

el saxofón

ሻምብቆ

la flauta

ሚክሮፎን

el micrófono

መካነ እንስሳታት

el zoo

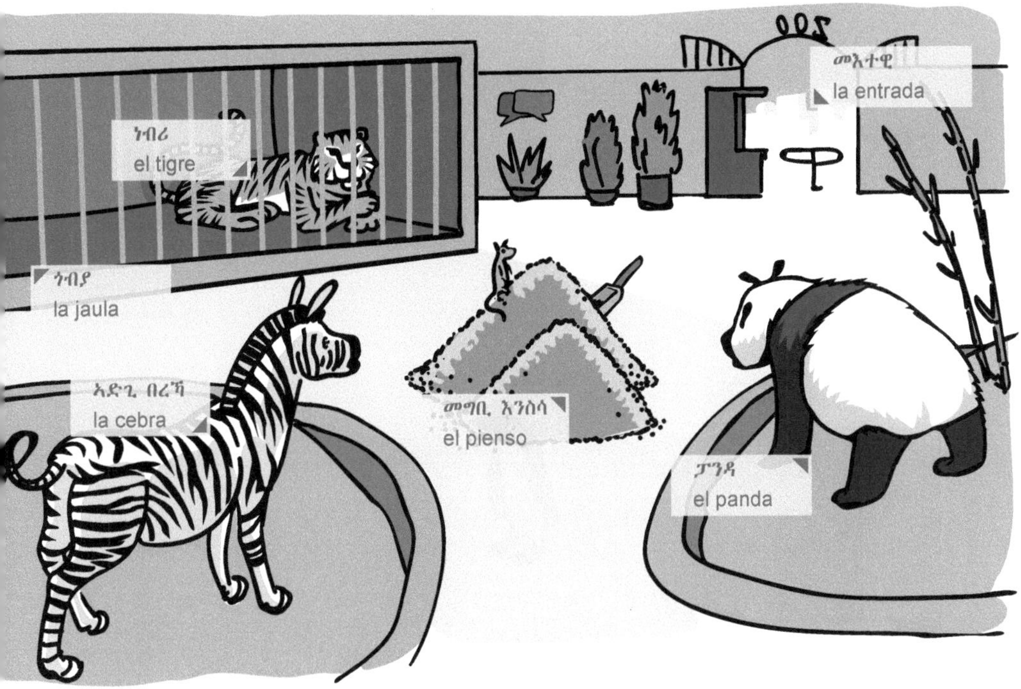
ነብሪ
el tigre
ጎብያ
la jaula
ኣድጊ በረኻ
la cebra
መግቢ እንስሳ
el pienso
መእተዊ
la entrada
ፓንዳ
el panda

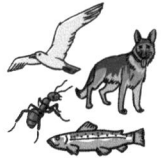

እንስሳታት
....
los animales

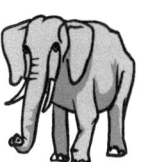

ሓርማዝ
....
el elefante

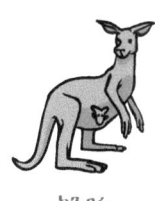

ካንጋሩ
....
el canguro

ሓሪሽ
....
el rinoceronte

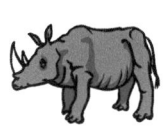

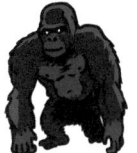

ጉሪላ
....
el gorila

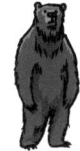

ድቢ
....
el oso

ገመል
....
el camello

ሰጎን
....
el avestruz

አንበሳ
....
el león

ህበይ
....
el mono

ፍላሚንጎ
....
el flamingo

ሕንጸይ
....
el loro

ድቢ በረድ
....
el oso polar

ፐንጉን
....
el pingüino

ከልቢ ዓሳ
....
el tiburón

ጣውስ
....
el pavo real

ተመን
....
la serpiente

ሓርጽ
....
el cocodrilo

ሓላዊ ቤት ገርድሽ
....
el guardián de zoológico

ዓሳ ዚምገብ እንስሳ ባሕሪ
....
la foca

ጃጓር
....
el jaguar

ሓጹር ፈረስ
el poni

ነብሪ
el leopardo

ጉማረ
el hipopótamo

ጄራፍ
la jirafa

ሊላ
el águila

መፍለስ
el jabalí

ዓሳ
el pescado

ጎብየ
la tortuga

ዋልሩስ
la morsa

ወኻርያ
el zorro

ሰስሓ
la gacela

ናይ አሜሪካ ኩዕሶ እግሪ
el fútbol americano

ምግዝፈር ብሽግለታ
el ciclismo

ተኒስ
el tenis

ባስከትባል
el baloncesto

ምሕምባስ
la natación

ቦክሲንግ
el boxeo

ሆኪ በረድ
el hockey sobre hielo

ኩዕሶ እግሪ
el fútbol

ባድሚንተን
el bádminton

እስፖርታዊ ንጥፈታት
el atletismo

ኩዕሶ ኢ.ድ
el balonmano

ስኪ
el esquí

ፖሎ
el polo

las actividades

ሰሓቓ
reír

ነጠረ
saltar

ሓቖፈ
abrazar

ከደ
caminar

ደረፈ
cantar

ሓለመ
soñar

ጸለየ
rezar

ሰዓመ
besar

ጸሓፈ	ሰአለ	አርአየ
escribir	dibujar	mostrar

ደፍአ	ሃበ	መሰደ
empujar	dar	tomar

አለው
....
tener

ገበረ
....
hacer

ኮነ
....
ser

ጠጠው በለ
....
estar de pie

ጎየየ
....
correr

ሰሐበ
....
tirar

ሰንደወ
....
tirar

ወደቐ
....
caer

ሓሰወ
....
yacer

ተጸበየ
....
esperar

ሰከም
....
llevar

ኮፍ በለ
....
estar sentado

ተኸድነ
....
vestirse

ደቀሰ
....
dormir

ተስአ
....
despertar

ረአየ
mirar

በኸየ
llorar

ብኣጻብዑ ደረዘ
acariciar

መሸጠ
peinar

ተዛረበ
hablar

ተረድአ
entender

ሓተተ
preguntar

ሰምዐ
escuchar

ሰተየ
beber

በልዐ
comer

ኣቻመጠ
ordenar

ኣፍቀረ
amar

ከሸነ
cocinar

ዘወረ
conducir

ነፈረ
volar

ብመርከብ ገየሽ
....
navegar

ደመረ
....
calcular

አንበበ
....
leer

ተመሃረ
....
aprender

ሰርሐ
....
trabajar

መርዓወ
....
casarse

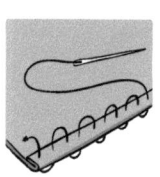

ሰፈየ
....
coser

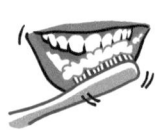

ጽሬት አስናን
....
cepillarse los dientes

ቀተለ
....
matar

ሽጋራ ተከኸ
....
fumar

ሰደደ
....
enviar

la familia

ዓባየ
la abuela

እቦሓጎ
el abuelo

ኣቦ
el padre

ኣደ
la madre

ማማየ
el bebé

ጓል
la hija

ወዲ
el hijo

ጋሻ
el invitado

ሓትኖ
la tía

ኣኮ
el tío

ሓው
el hermano

ሓፍቲ
la hermana

ኣካላት

el cuerpo

ግንባር
la frente
ዓይኒ
el ojo
መንኩብ
el hombro
ኣጻብዕ
el dedo
ገጽ
la cara
መንከስ
la barbilla
ኢድ
la mano
ኣፍ-ልቢ
el pecho
ሽፋን እግሪ
la pierna
ምናት
el brazo

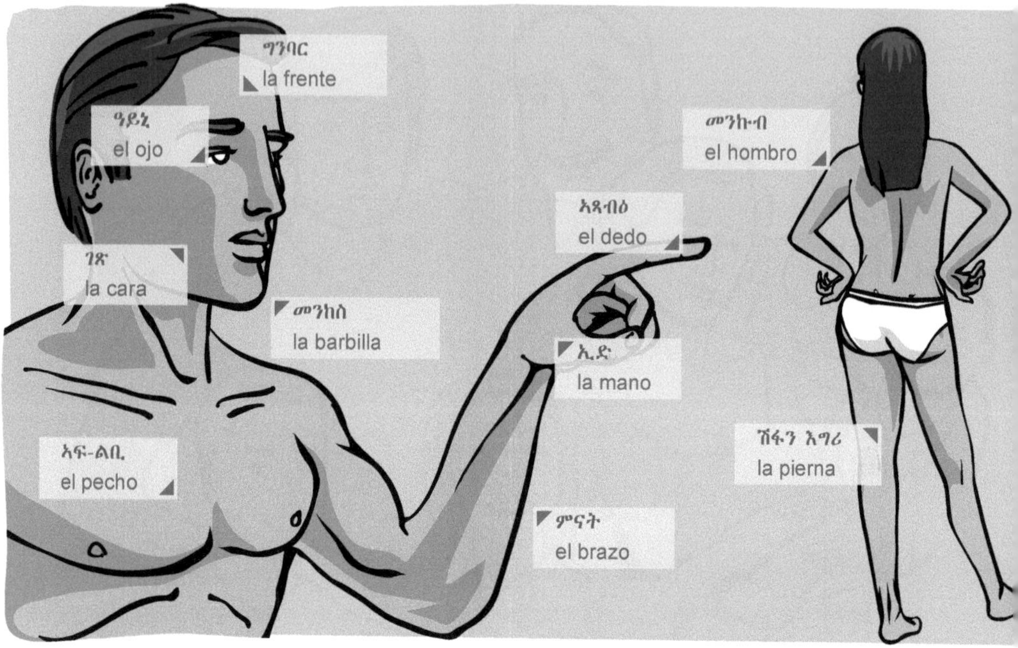

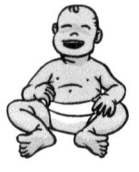

ማማይ

el bebé

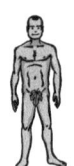

ሰብኣይ

el hombre

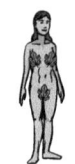

ሰበይቲ

la mujer

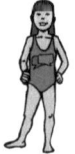

ጓል

la chica

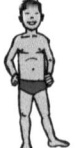

ወዲ

el chico

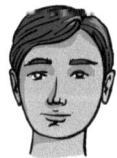

ርእሲ

la cabeza

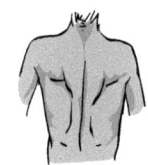

ሕቖ

la espalda

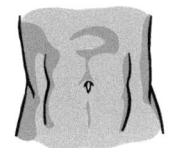

ከስዐ

el vientre

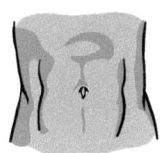

ሕምብርቲ

el ombligo

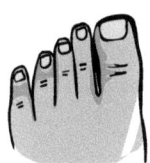

አጻብዕ እግሪ

el dedo del pie

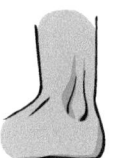

ኩርኵረ

el talón

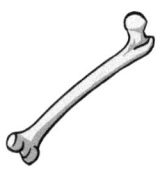

ዓጽሚ

el hueso

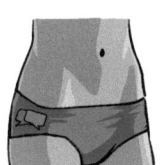

ምሕኩልቲ

la cadera

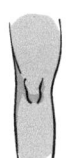

ብርኪ

la rodilla

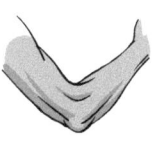

ፎግፎጕ

el codo

አፍንጫ

la nariz

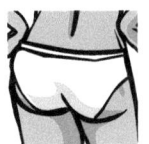

መዓኮር

el trasero

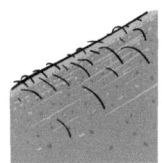

ቆርበት

la piel

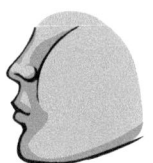

ምዕጉርቲ

la mejilla

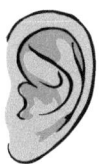

እዝኒ

el oído

ከንፈር

el labio

አፍ

la boca

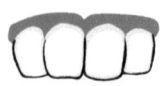

ስኒ

el diente

መልሓስ

la lengua

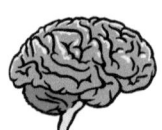

ሓንጎል

el cerebro

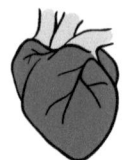

ልቢ

el corazón

ጭዋዳ

el músculo

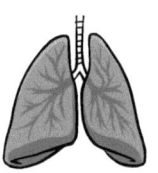

ሳንቡእ

el pulmón

ጸላም ከብዲ

el hígado

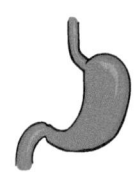

ከብዲ

el estómago

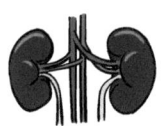

ኩሊት

los riñones

ግብረ ስጋ

el sexo

ኮንዶም

el condón

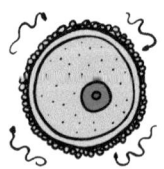

እንቋቑሖ

el ovario

ዘርኢ ተባዕታይ

el semen

ጥንሲ

el embarazo

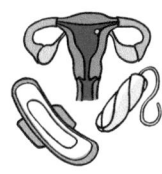

ጽግያት
....
la menstruación

ርሕሚ
....
la vagina

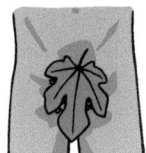

መትሎ
....
el pene

ሽፋሽፍቲ
....
la ceja

ጸጉሪ
....
el pelo

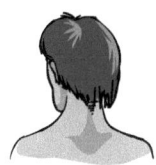

ክሳድ
....
el cuello

ሆስፒታል
el hospital

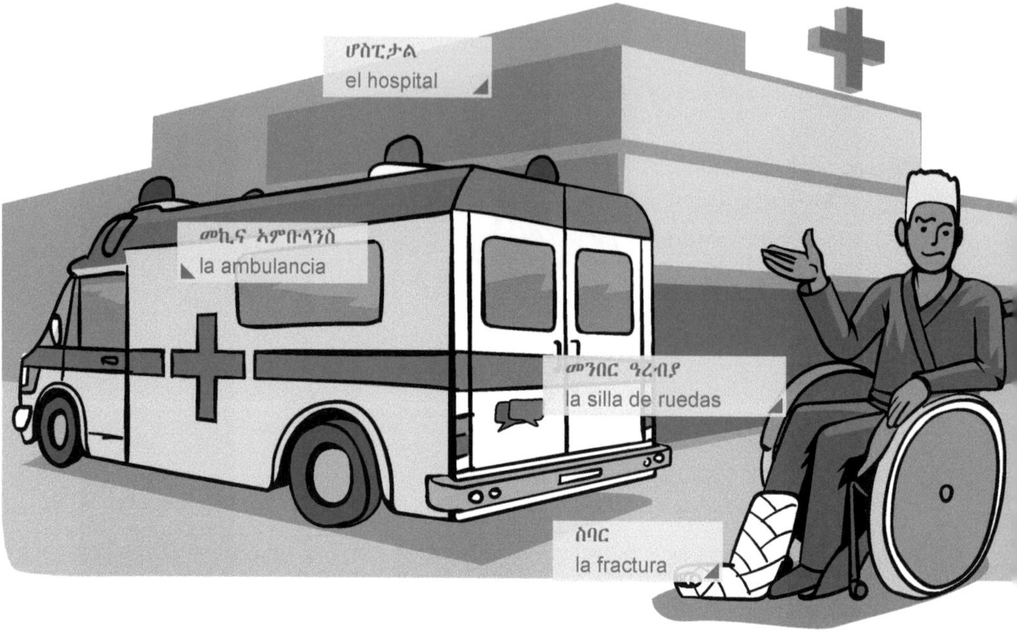

ሆስፒታል
el hospital
መኪና ኣምቡላንስ
la ambulancia
መንበር ዓረብያ
la silla de ruedas
ስባር
la fractura

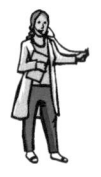

ሓኪም
....
el médico

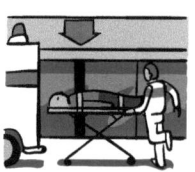

ክፍሊ ህጹጽ ረድኤት
....
la sala de urgencias

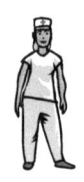

ኣላይት
....
la enfermera

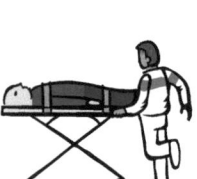

ህጹጽ ኩነት
....
la urgencia

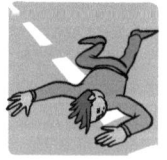

ውነኡ ዘጥፍአ
....
inconsciente

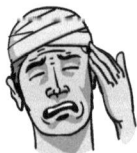

ቃንዛ
....
el dolor

ጉድኣት
....
la lesión

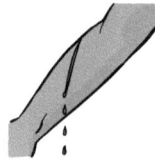

ደም
....
la hemorragia

ማህረምቲ
....
el infarto

ማህረምቲ
....
el ictus

ኣለርጂ
....
la alergia

ሰዓል
....
la tos

ረስኒ
....
la fiebre

ኡንፍልወንዛ
....
la gripe

ውጽኣት
....
la diarrea

ቃንዛ ርእሲ
....
el dolor de cabeza

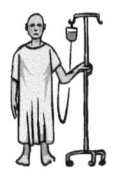

መንሽሮ
....
el cáncer

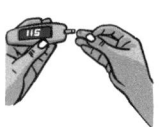

ሹኮርያ
....
la diabetes

ሓኪም መጥባሕቲ
....
el cirujano

መጥብሒ
....
el bisturí

መጥባሕቲ
....
la operación

CT
TAC

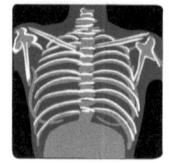

ራጂ
los rayos x

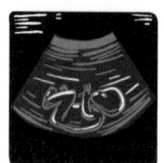

ልዕለ ድምጻዊ
el ultrasonido

መሸፈኒ ገጽ
la mascarilla

ሕማም
la enfermedad

ክፍሊ ምጽባይ
la sala de espera

ምርኩስ
la muleta

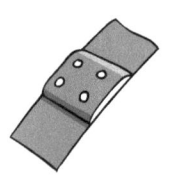

መጀነኒ ቆስሊ
la tirita

መጀነኒ
la venda

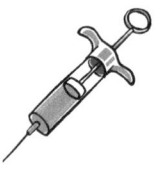

መርፍዕ ምውጋእ
la inyección

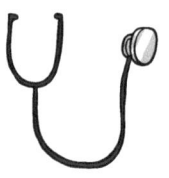

ስተቶስኮፕ
el estetoscopio

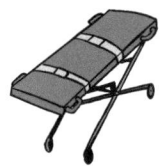

መሰከሚ ሕማም
la camilla

ቴርሞመተር
el termómetro

ትውልዲ
el nacimiento

ልዕለ-ሚዛን
el sobrepeso

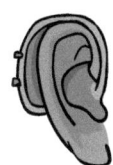

ሓገዝ ምስማዕ
....
el audífono

ኣንጸሂ
....
el desinfectante

ልበዳ
....
la infección

ቫይረስ
....
el virus

ኤድስ
....
VIH / SIDA

ሕክምና
....
la medicina

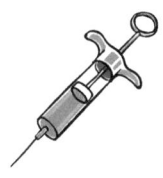

ክታብ
....
la vacunación

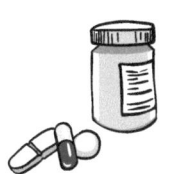

ክኒና
....
las tabletas

ክኒና
....
la pastilla

ህጹጽ ምድዋል
....
la llamada de urgencia

መዕቀኒ ጸቕጢ ደም
....
el tensiómetro

ሕሙም / ጥዑይ
....
enfermo / sano

ሓገዝ

¡Socorro!

ኣላርም

la alarma

ምህጃም

el asalto

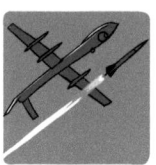

መጥቃዕቲ

el ataque

ድንገት

el peligro

ህጹጽ መውጽኢ

la salida de emergencia

ሓዊ!

¡Fuego!

መጥፍኢ ሓዊ

el extintor de incendios

ሓደጋ

el accidente

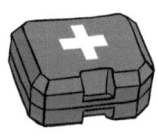

ሳንጣ ቀዳማይ ረድኤት

el botiquín de primeros auxilios

SOS

SOS

ፖሊስ

la policía

ኤውሮጳ

Europa

ሰሜን አመሪካ

Norteamérica

ደቡብ አመሪካ

Sudamérica

አፍሪቃ

África

ኤስያ

Asia

አውስትራልያ

Australia

አትላንቲክ

el atlántico

ፓሲፊክ

el Pacífico

ህንዳዊ ዉቅያኖስ

el Océano Índico

አንታርቲካዊ ዉቅያኖስ

el Océano Antártico

አርክቲካዊ ዉቅያኖስ

el Océano Ártico

ሰሜናዊ ዋልታ

el polo norte

ደቡባዊ ዋልታ
....
el polo sur

አንታርቲካ
....
La Antártida

ምድሪ
....
la tierra

መሬት
....
la tierra

ባሕሪ
....
el mar

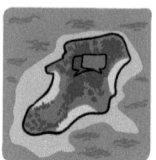

ደሴት
....
la isla

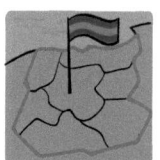

ሃገር
....
la nación

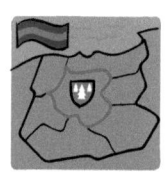

ዓዲ
....
el estado

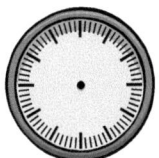

ገጽ ሰዓት

la esfera

አመልካቲ ሰዓታት

la manecilla de las horas

አመልካቲ ደቓይቕ

el minutero

አመልካቲ ካልኢት

el segundero

ሰዓት ክንደይ አሎ?

¿Qué hora es?

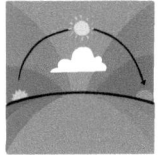

መዓልቲ

el día

ግዜ

el tiempo

ሕጂ

ahora

ዲጊታል ሰዓት

el reloj digital

ደቒቕ

el minuto

ሰዓት

la hora

la semana

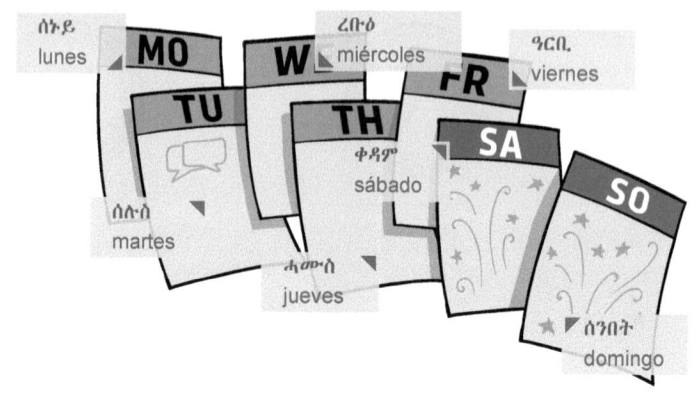

ሰኑይ lunes MO
W miércoles ረቡዕ
ዓርቢ viernes FR
TU
TH
SA
ቀዳም sábado
ሰሉስ martes
ሓሙስ jueves
SO
ስንበት domingo

ትማሊ.
....
ayer

ሎሚ.
....
hoy

ጽባሕ
....
mañana

ንጕሆ
....
la mañana

ቀትሪ
....
el mediodía

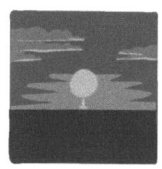

ምሸት
....
la tarde

MO	TU	WE	TH	FR	SA	SU
1	2	3	4	5	6	7
8	9	10	11	12	13	14
15	16	17	18	19	20	21
22	23	24	25	26	27	28
29	30	31	1	2	3	4

መዓልታት ስራሕ
....
los días laborables

MO	TU	WE	TH	FR	SA	SU
1	2	3	4	5	6	7
8	9	10	11	12	13	14
15	16	17	18	19	20	21
22	23	24	25	26	27	28
29	30	31	1	2	3	4

መወዳእታ ሰሙን
....
el fin de semana

ዓመት

el año

ዝናብ
la lluvia
ቀስተ-ደመና
el arcoíris
በረድ
la nieve
ንፋስ
el viento
ጽድያ
la primavera
ቀውዒ
el otoño
ሓጋይ
el verano
ክረምቲ
el invierno

4.APRIL 11°
5.APRIL 4°
6.APRIL 13°
7.APRIL 8°
8.APRIL 10°

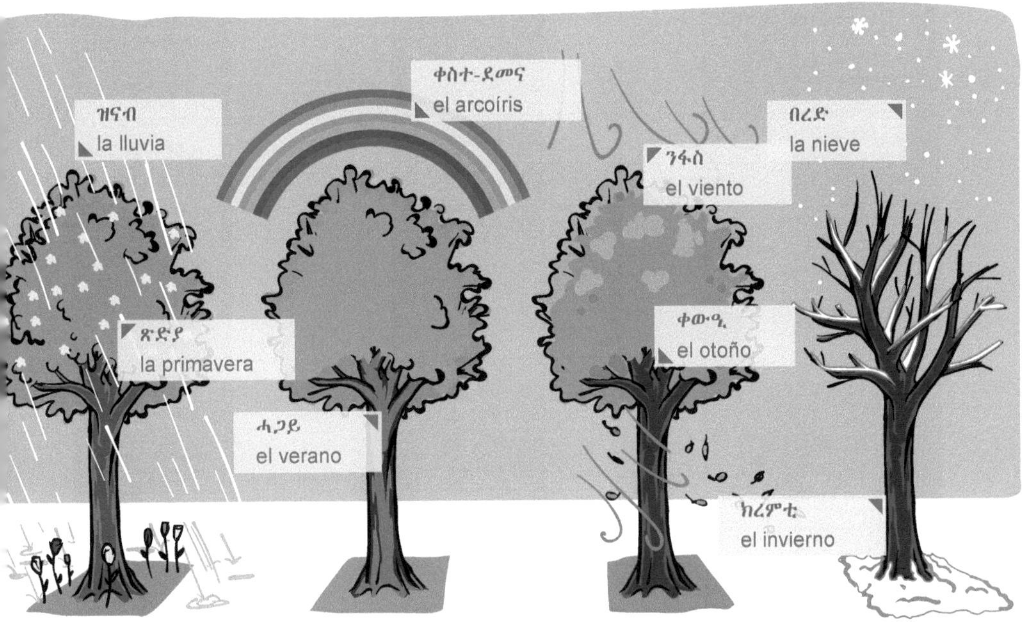

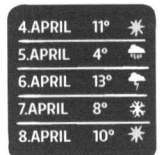

ትንቢት ኩነታት ኣየር

el pronóstico del tiempo

F C
120 40
90 30
60 20
30 10
0 0
-30 -10
-20

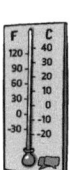

ቴርሞመተር

el termómetro

ብርሃን ጸሓይ

el sol

ደበና

la nube

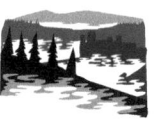

ግመ

la niebla

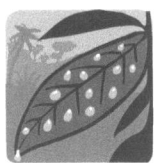

ጠሊ

la humedad

ብርቂ

el rayo

ነጐዳ

el trueno

ህቦብላ

la tormenta

በረድ

el granizo

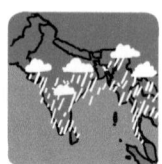

ብርቱዕ ህቦብላ

el monzón

ውሕጅ

la inundación

በረድ

el hielo

ጥሪ

enero

ለካቲት

febrero

መጋቢት

marzo

ሚያዝያ

abril

ጉንበት

mayo

ሰነ

junio

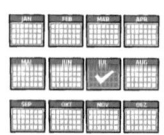

ሓምለ

julio

ነሓሰ

agosto

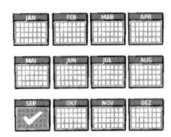

መስከረም
....
septiembre

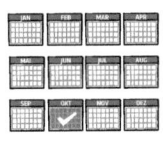

ጥቅምቲ
....
octubre

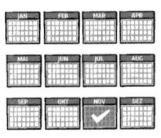

ሕዳር
....
noviembre

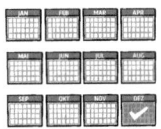

ታሕሳስ
....
diciembre

ዙርያ
....
el círculo

ትርብዒት
....
el cuadrado

ቅኑዕ ርቡዕ ከርናዕ
....
el rectángulo

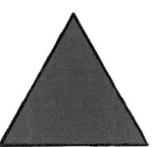

ስሉስ ኩርናዕ
....
el triángulo

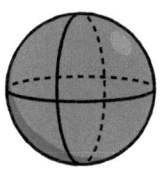

ክቢ
....
la esfera

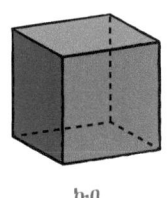

ኩቦ
....
el cubo

ጸዕዳ

blanco

ብጫ

amarillo

ኣራንጅ

anaranjado

ፒንክ

rosa

ቀይሕ

rojo

ጁኽ

morado

ሰማያዊ

azul

ቀጠልያ

verde

ቡናዊ

marrón

ሓሙኽሽታይ

gris

ጸሊም

negro

ብዙሕ / ውሑድ

mucho / poco

ሕሩቕ / ሰላማዊ

enojado / tranquilo

ጽቡቕ / ክፉእ

bonito / feo

መጀመርያ / መወዳእታ

principio / fin

ዓቢ / ንእሽቶ

grande / pequeño

ብሩህ / ጸልማት

claro / oscuro

ሓው / ሓፍት

el hermano / la hermana

ጽሩይ / ርሳሕ

limpio / sucio

ምሉእ / ዘይምሉእ

completo / incompleto

መዓልቲ / ለይቲ

el día / la noche

ሙዉት / ህልው

muerto / vivo

ሰፊሕ / ጸቢብ

ancho / estrecho

ደስ ዘበል / ደስ ዘይብል

comestible / no comestible

እኩይ / ህያዋይ

malo / amable

ርቡጽ / ስልኩይ

entusiasmado / aburrido

ረጊድ / ቀጢን

gordo / delgado

ቀዳማይ / ናይ መወዳእታ

primero / último

ዓርኪ / ጸላኢ

el amigo / el enemigo

ምሉእ / ባዶ

lleno / vacío

ተሪር / ልስሉስ

duro / blando

ከቢድ / ፈኩስ

pesado / ligero

ጥምየት / ጽምየት

el hambre / la sed

ሕሙም / ጥዑይ

enfermo / sano

ዘይሕጋዊ / ሕጋዊ

ilegal / legal

መስተውዓሊ / ስዲ

inteligente / tonto

ጸጋም / የማን

izquierda / derecha

ቀረባ / ርሑቕ

cerca / lejos

ሓዲሽ / ብሉይ
....
nuevo / usado

ዋላ ሓደ / ገለ
....
nada / algo

ዓቢ/ኣረጊት / መንእሰይ
....
viejo / joven

ወልዕ / ኣጥፍእ
....
encendido / apagado

ክፉት / ዕጹው
....
abierto / cerrado

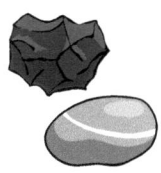

ህዱእ / ዓው
....
silencioso / ruidoso

ሃብታም / ድኻ
....
rico / pobre

ቅኑዕ / ግጉይ
....
correcto / incorrecto

ሓርፋፍ / ልሙጽ
....
áspero / suave

ጉሁይ / ሕጉስ
....
triste / contento

ሓጺር / ነዊሕ
....
corto / largo

ቀስ / ቅልጡፍ
....
lento / rápido

ጥሉል / ንቑጽ
....
húmedo / seco

ምዉቕ / ዝሑል
....
cálido / frío

ውግእ / ሰላም
....
guerra / paz

0	**1**	**2**
ዜሮ	ሓደ	ክልተ
cero	uno	dos

3	**4**	**5**
ሰለስተ	ኣርባዕተ	ሓሙሽተ
tres	cuatro	cinco

6	**7**	**8**
ሽዱሽተ	ሸውዓተ	ሸሞንተ
seis	siete	ocho

9	**10**	**11**
ትሽዓተ	ዓሰርተ	ዓሰርተ ሓደ
nueve	diez	once

12

ዓሰርተ ክልተ

doce

13

ዓሰርተ ሰለስተ

trece

14

ዓሰርተ አርባዕተ

catorce

15

ዓሰርተ ሓሙሽተ

quince

16

ዓሰርተ ሽዱሽተ

dieciséis

17

ዓሰርተ ሽውዓተ

diecisiete

18

ዓሰርተ ሽሞንተ

dieciocho

19

ዓሰርተ ትሽዓተ

diecinueve

20

ዕስራ

veinte

100

ሚእቲ

cien

1.000

ሽሕ

mil

1.000.000

ሚልዮን

el millón

እንግሊዝኛ

el inglés

አመሪካዊ እንግሊዛዊ

el inglés americano

ቻይናዊ ማንዳሪን

el chino madarín

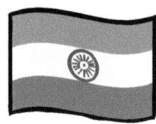

ሂንዳዊ

el hindi

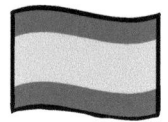

እስጳኛዊ

el español

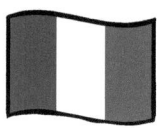

ፈረንሳዊ

el francés

ዓረባዊ

el árabe

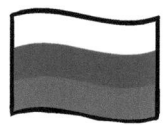

ሩሲያዊ

el ruso

ፖርቱጋላዊ

el portugués

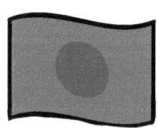

በንጋሊ

el bengalí

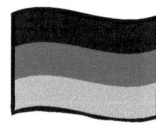

ጀርመናዊ

el alemán

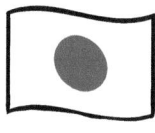

ጃፓናዊ

el japonés

ኣነ

yo

ንስኻ/ኺ.

tú

ንሱ / ንሳ / ንሱ

él / ella / ello

ንሕና

nosotros/as

ንስኻ

vosotros/as

ንሳቶም

ellos/as

መን?

¿quién?

እንታይ?

¿qué?

ከመይ?

¿cómo?

ኣበይ?

¿dónde?

መዓስ?

¿cuándo?

ሽም

el nombre

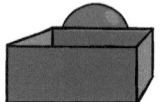

ድሕሪ

detrás

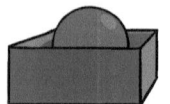

ኣብ

en

ኣብ ቅድሚ

delante de

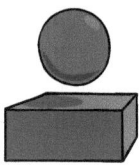

ኣብ ላዕሊ

por encima de

ኣብ ልዕሊ

sobre

ትሕቲ ምድሪ

debajo de

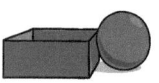

ኣብ ጥቓ

junto a

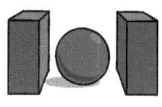

ኣብ መንጎ

entre

በታ

el lugar